Images of Sport in Early Canada
Images du sport dans le Canada d'autrefois

Images of Sport in Early Canada

Images du sport dans le Canada d'autrefois

Compiled by Nancy J. Dunbar
Introduction by Hugh MacLennan

McCord Museum, McGill University
McGill-Queen's University Press
Montreal and London 1976

Compilation de Nancy J. Dunbar
Introduction de Hugh MacLennan

Musée McCord, Université McGill
McGill-Queen's University Press
Montréal et Londres 1976

© McCord Museum, McGill University 1976
ISBN 0 7735 0246 7 (cloth)
ISBN 0 7735 0244 0 (paper)
Legal deposit first quarter 1976
Bibliothèque nationale du Québec

Design: Gottschalk+Ash Ltd.

Photography: Karen Coshoff
Colour Separations: Techno Colour Co. Inc.
Typesetting: Fast Typesetters of Canada Ltd.
Printed in Canada: Litho Associates

All illustrative material used in this book is from
the collections of the McCord Museum with the
following exceptions:
Henry Birks Silver Collection, p. 63
(seven medals)
Château de Ramezay, pp. 32, 33, 34, 89, 90
K. Day, p. 26
Department of Athletics, McGill University, p. 61
(bottom)
R. Desjarlais, p. 25
Lande Collection, Department of Rare Books and
Special Collections, McGill University Libraries,
p. 18 (bottom)
The Royal Montreal Curling Club, p. 65 (top)
N. Sharpe, pp. 23 (right), 31, 35, 36 (wooden tops),
37, 79, 82 (top, middle, right), 83, 88, 95
(bottom)
Westmount Public Library, p. 57

© Musée McCord, Université McGill 1976
ISBN 0 7735 0246 7 (toile)
ISBN 0 7735 0244 0 (cartonné)
Dépôt légal premier trimestre 1976
Bibliothèque nationale du Québec

Présentation: Gottschalk+Ash Ltée

Photographies: Karen Coshoff
Séparations de couleur: Techno Colour Co. Inc.
Composition: Fast Typesetters of Canada Ltée
Imprimé au Canada: Litho Associates

Les illustrations apparaissant dans ce livre provien-
nent des collections du Musée McCord à l'exception de:
Collection d'argenterie de Henry Birks, p. 63
(sept médailles)
Château de Ramezay, pp. 32, 33, 34, 89, 90
K. Day, p. 26
Département d'athlétisme, Université McGill.
p. 61 (dessous)
R. Desjarlais, p. 25
Collection Lande, section des livres rares
et des collections spéciales, bibliothèque de
l'Université McGill. p. 18 (dessous)
The Royal Montreal Curling Club, p. 65
(dessus)
N. Sharpe, pp. 23 (à droite), 31, 35, 36 (toupies de
bois), 37, 79, 82 (dessus, centre, à droite), 83, 88,
95 (dessous)
Bibliothèque municipale de Westmount, p. 57

Contents

6 Acknowledgements
8 Introduction
17 Summer
27 Boating
31 Strong Men
35 Games and Pastimes
41 Winter Carnival
45 Sleighs
53 Winter
67 Hunting and Fishing
79 Horses
89 Wheels

Table des matières

7 Remerciements
12 Introduction
17 Eté
27 Embarcations
31 Hommes forts
35 Jeux et divertissements
41 Carnaval d'hiver
45 Traîneaux
53 Hiver
67 Chasse et pêche
79 Chevaux
89 Roues

Acknowledgements   This book is not a history of sport but a montage of images – images to be found in the arts and crafts of Canada that reflect aspects of certain games and pastimes which have long held the interest of Canadians.

Many individuals, sports clubs, and organizations have helped in the preparation of this work, and the McCord Museum would like to thank all of them for the knowledge they have so generously shared with the Museum staff.

The McCord would also like to express its gratitude to the donors of the special grants which made the publication of *Images of Sport in Early Canada* possible. These donors are the numberless people who have contributed to The Friends of the McCord Museum Fund; Alcan Aluminium Limited; and Beatrice Stewart Molson, daughter of the McCord Museum's great benefactors, the late Mr. and Mrs. Walter M. Stewart.

Isabel Barclay Dobell
Emeritus Curator
McCord Museum, McGill University

Remerciements

Ce livre n'est pas une histoire du sport mais plutôt un montage d'images des arts et métiers du Canada qui reflètent divers aspects du jeu et du divertissement.

Bien des individus, des clubs sportifs et d'autres organismes ont collaboré à la préparation de cet ouvrage et le Musée McCord tient à les remercier d'avoir généreusement partagé leurs connaissances avec le personnel du musée.

Le musée désire aussi exprimer sa gratitude aux donateurs qui ont rendu possible la publication des *Images du sport dans le Canada d'autrefois*. Ce sont les innombrables personnes qui ont contribué au fonds des Amis du Musée McCord; la société Alcan Aluminium Limitée; et Beatrice Stewart Molson, fille des grands bienfaiteurs du Musée McCord, feu M. et Mme Walter M. Stewart.

Isabel Barclay Dobell
Conservateur honoraire
Musée McCord, Université McGill

In the Highland National Park on the northeast shore of Cape Breton Island is one of the most unusual golf courses in North America. Though it is competent enough to "examine" any golfer alive, it is chiefly memorable for its wonderful beauty and the wildness of its location. In places it skirts the ocean, but most of its eighteen fairways are threaded through a forest wilderness and occasionally a deer watches the play from a fringe of trees.

One of the outermost holes on this course is a dog's leg, requiring the golfers to drive off a precipice, then to turn right and hit over a steep hump of ground which completely hides the green. On an autumn day a few years ago two golfers familiar with the course addressed their balls for their second shots, aiming for a tree top they knew was just behind the centre of the green. They watched with satisfaction as the little white spheres soared over the hump of ground, and both were certain they had found the green. But when they reached the top of the hump they stopped, stared, and wondered what to do next. The golf balls were on the green all right; so were two bear cubs, and the cubs were happily batting the balls back and forth with their paws. The golfers knew that if the cubs were there, the mother was not far away, so they agreed to halve the hole and abandon the balls to the bears.

This little incident illustrates excellently the difference between play and sport. The cubs were playing; the golfers were engaged in a sporting ritual beset with a complex set of rules. Play is instinctual with all animals, including man; it is a relief from the necessary monotony of daily living. Sport is an outgrowth of play and has been transformed by human ingenuity in a thousand ways.

Nothing proves this more clearly than the character of the events that made up the schedule of the ancient Olympic games, which began about thirty-two centuries ago in classical Greece. These old Olympic athletes boxed and wrestled according to rules. They threw the discus (a bevelled stone) from a fixed point; from other sources we know that heavy stones and antelope bones were the weapons of our possible ancestor, *Australopithecus africanus*. The javelin throwers did not throw for distance as our modern ones do; each athlete threw the same distance aiming at a ring about the diameter of a man's breast. The most important event was the *stadion* race, the two-hundred-metre dash — essential for a soldier cut off from his friends and outnumbered by his enemies. There was also the "long race";

in the early days of Greece many a shepherd or traveller had to flee from dangerous wild beasts, and in battle the ancient equivalent of an aide-de-camp had to run fast for considerable distances with orders from his general to various detachments on the field. There was the broad jump, which all human beings have had to use at times. There was the combination contest of five events known as the pentathlon and finally, as the *pièce de résistance*, there was the chariot race.

That the Greeks set a unique value on physical training is to a large degree responsible for their unique civilization, but it is equally certain that these contests were sublimations of lethal human aggressions. During the sacred Olympic truce, wars ceased everywhere among the Greek city states, and young men from warring cities competed at Olympia with no political overtones.

After Greece became a part of the Roman Empire, sport became professionalized; it turned into brutal spectacles which were used by the authorities as drugs for the megalopolitan rabble. Finally the Olympic games were abolished by a late Christian emperor and a few years later most of the empire was abolished by invading barbarians.

But play is as perennial as life itself and we may be sure that during the Dark Ages young men wrestled and boxed spontaneously; jumped, ran, and threw sticks and stones at objects and at each other until, during the Middle Ages, organized sport reappeared in the ritual of the knightly jousts and the contests in archery, quarter-staff, and wrestling for the common people. Side by side with these organized sports, play in many forms was laying the foundations of many of the organized sports we know today.

In Canada ice hockey had its beginnings when British garrison officers relieved the tedium of long Canadian winters by donning skates and playing ground hockey on ice. The toboggans and snowshoes of the Indians were means of transport that later saw the development of snow-shoeing and tobogganing as winter sports. The birchbark canoe of the Algonkians, for centuries a principal means of travel for both native peoples and Europeans, became the vehicle for one of the most popular summer pastimes in North America.

Nearly all the organized sports played today, with a few exceptions like cricket, boxing, and the North American Indian game of lacrosse, were developed in the nineteenth century, and the reason for this is obvious. During these years the industrial revolution was everywhere creating large cities, outmoding the primitive, spontaneous sports of the village green and increasing the numbers of people who simply wanted to sit on a bench and watch others play. By the 1960s most important sports had become spectator sports played by professionals, some of them million-aires, for huge crowds in arenas and astrodomes and uncounted millions sprawling in front of television screens. I know an executive who has three television sets in his living room, which enable him to follow three professional football games simultaneously. He himself has never played football in his entire life.

This kind of thing, of course, is not true sport. It is spectacle, and as much a drug for the mega-lopolitans as were the old Roman spectacles in the Colosseum and Circus Maximus. But the pictures which follow in this book are a mixture of play and true sport, and since the country is Canada, many of them display a variety of spon-taneous sports on ice and snow, and equally spontaneous sports in summer on the water or on small playing fields without grandstands, the athletes being watched by little groups of neigh-bours and friends. All the athletes and sportsmen shown here are amateurs, playing their games merely because they love them.

Hugh MacLennan

Le parc national du cap Breton, dans les Hautes Terres de l'île, est le site d'un des terrains de golf les plus pittoresques en Amérique du Nord. Bien que les aspérités de son parcours soient de nature à intéresser tout golfeur sérieux, ce terrain de golf est mémorable surtout pour sa merveilleuse beauté et la sauvagerie des lieux. En certains endroits, il longe l'océan; la plupart du temps, la piste traverse une forêt inculte et à l'occasion, un chevreuil regarde le jeu à la lisière du bois.

L'un des trous les plus éloignés, une double courbure, exige du golfeur qu'il s'éloigne du précipice et vire à droite pour faire face à une butte escarpée qui cache complètement la pelouse. Un jour d'automne il y a quelques années, deux golfeurs qui connaissaient bien le terrain se préparèrent à faire leur deuxième coup en visant le sommet d'un arbre qui, ils le savaient, se trouvait juste derrière le centre du vert. Ils virent avec satisfaction les petites sphères blanches s'élever au-dessus de la butte. Tous deux étaient sûrs d'avoir atteint leur but. Mais quand ils parvinrent en haut de la colline, ils s'arrêtèrent, écarquillant les yeux devant le spectacle qui s'offrait à leur vue. Les balles étaient bien en effet retombées sur le gazon; mais il s'y trouvait aussi deux oursons qui les balançaient joyeusement avec leurs pattes. Les golfeurs savaient que si les petits étaient là, la mère n'était pas bien loin. Ils décidèrent de diviser le trou et de laisser les balles aux oursons.

Cet incident illustre parfaitement la différence entre le jeu et le sport. Les oursons jouaient, les golfeurs étaient engagés dans un rituel sportif régi par un ensemble complexe de règles. Le jeu est instinctif chez l'animal, y compris l'homme; il distrait de la monotonie nécessaire de la vie quotidienne. Le sport, issu du jeu, se voit transformé de mille façons par l'ingéniosité humaine.

Rien ne prouve mieux cette assertion que les événements qui jalonnaient le calendrier des jeux Olympiques de la Grèce classique, il y a quelque trente-deux siècles. Les anciens athlètes olympiques pratiquaient la lutte et le pugilat selon les règles. Ils lançaient le disque (une pierre taillée en biseau) à partir d'un point fixe; d'autres sources nous apprennent que de lourdes pierres et des os d'antilope servaient d'armes à notre ancêtre possible, l'*Australopithecus africanus*. Les lanceurs de javelot ne lançaient pas à distance comme les athlètes modernes; chaque athlète lançait son javelot à la même distance, visant un cercle qui avait environ le diamètre d'une poitrine d'homme. Le concours gymnique le plus important, la course à pied de deux cents mètres du *stadion*, devenait en d'autres circonstances une nécessité vitale—par exemple, un soldat coupé de ses amis et surpassé en nombre par ses ennemis. Il y avait aussi la course de longue durée: aux premiers temps de la Grèce, plus d'un berger ou voyageur devait fuir les bêtes sauvages, et en période de guerre, l'ancien équivalent de l'aide-de-camp devait franchir à toute vitesse des distances considérables pour porter les ordres de son général aux détachements dispersés dans la plaine. Il y avait le grand saut, que tout être humain doit faire un jour ou l'autre. Il y avait les cinq concours combinés du *pentathlon* et finalement la pièce de résistance, la course de chars.

Le fait que les Grecs aient accordé une valeur unique à la forme physique a largement contribué à leur unique civilisation mais il est également certain que ces concours sublimaient des instincts d'agression meurtrière. Durant la trève sacrée, toutes hostilités cessaient parmi les villes-Etats grecques et les jeunes gens de villes opposées entraient en lice à Olympie sans que l'intérêt politique n'y soit impliqué.

Après la conquête de la Grèce par les Romains, le sport devint une profession. Il présenta des spectacles brutaux que les autorités utilisaient comme une drogue pour détourner l'attention du peuple. Finalement, les jeux Olympiques furent abolis par un empereur chrétien; quelques années plus tard, presque tout l'Empire tombait aux mains des invasions barbares.

Mais le jeu est aussi intarissable que la vie elle-même et il est certain que durant les premiers siècles de notre ère, les jeunes gens se battaient spontanément; ils sautaient, couraient, se lançaient des cailloux, visaient des objets avec leurs projectiles. Le sport organisé réapparut au Moyen Age dans les joutes des chevaliers, le tir à l'arc, l'escrime au bâton et, pour les gens du commun, la lutte. A côté de ces sports organisés, le jeu sous bien des formes jetait les fondations de plusieurs sports tels que nous les connaissons aujourd'hui.

Au Canada, le hockey commença lorsque les officiers de garnison britanniques, pour tromper l'ennui des longs hivers canadiens, chaussèrent des patins et transformèrent le hockey sur gazon en jeu sur glace. Les toboggans et les raquettes des Indiens étaient des moyens de transport qui plus tard sont devenus des sports d'hiver. Le canoë en écorce de bouleau des Algonquins, pendant des siècles l'un des principaux modes de transport des indigènes aussi bien que des Européens, devint par la suite l'un des passe-temps les plus populaires en Amérique du Nord.

Presque tous les sports organisés d'aujourd'hui, à quelques exceptions près comme le cricket, la boxe et le jeu nord-américain de la crosse, tirent leurs origines du dix-neuvième siècle. La raison en est évidente. C'est à cette époque que la révolution industrielle a créé partout de grandes villes qui démodaient les sports primitifs et spontanés de la place du village et augmentaient le nombre de gens qui voulaient simplement s'asseoir sur un banc et regarder les autres jouer. Dans les années 1960, les sports les plus importants sont devenus des sports de spectateurs joués par des professionnels, certains d'entre eux millionnaires, devant des foules énormes réunies dans des stades et d'incalculables millions de spectateurs étendus devant leur écran de télévision. Je connais un homme d'affaires qui a trois appareils de télévision dans sa salle de séjour, ce qui lui permet de suivre trois matches de football professionnel en même temps. Quant à lui, il n'a jamais joué au football de sa vie.

Ce genre de divertissement n'est évidemment pas du sport. C'est un spectacle, et autant une drogue pour le mégalopolitain que l'étaient les spectacles romains au Colisée et au cirque de Maxime. Les images que nous vous présentons dans ce livre sont un mélange de jeux et de sports proprement dits. Comme il s'agit du Canada, plusieurs de ces images illustrent des sports sur glace, sur neige, sur l'eau ou de petits terrains de jeux sans estrades, les joueurs étant acclamés par de petits groupes de voisins et amis. Tous les athlètes et sportsmen que vous verrez ici sont des amateurs. Ils jouent simplement parce qu'ils aiment jouer.

Hugh MacLennan

"Montreal Lacrosse Club," 1867-68
"Club de crosse de Montréal", 1867-68

In the 19th century the Indian game of lacrosse was a
popular Canadian summer sport. The Montreal Lacrosse Club and the Caughnawaga Indians
played a championship match on the first Dominion Day, 1867, to celebrate
the adoption of lacrosse as Canada's national game.

Au XIXe siècle, le jeu indien de la crosse était un des sports d'été préférés des Canadiens.
Le Club de crosse de Montréal et les Indiens de Caughnawaga
disputèrent un match de championnat le jour de la fête du Dominion, en 1867, afin
de célébrer l'adoption du jeu de crosse comme jeu national.

Indian lacrosse sticks
Bâtons de crosse indiens

"Lacrosse," lithograph, W.C. Chewitt
  and Co., Toronto, 1856-70
"La crosse", lithographie, W.C. Chewitt
  and Co., Toronto, 1856-70

Lacrosse stick, 19th century. Iroquois cornhusk doll, Six Nations Reserve, Ontario, 20th century
Bâton de crosse, XIXe siècle. Poupée iroquoise en épi de maïs, Réserve des Six-Nations, Ontario, XXe siècle

"There is among them a certain game, 'crosse'...
it is their custom to set tribe against tribe...Each person is equipped with...
a staff which has a great curve at the end, laced like a racket;
the ball is of wood, and nearly the shape of a turkey's egg...These games begin after the melting
of the winter's ice and last until seed time." Nicolas Perrot,
Jesuit Relations, vol. 10

"Il y a parmy eux un certain jeu de crosse...Leur coustume en joüant est de se mettre
nation contre nation...Vous les voyez tous armez
d'une crosse, c'est à dire d'un baston qui a un gros bout au bas, lacé
comme une raquette; la boule qui leur sert à joüer est de bois et à peu près
de la figure d'un oeuf de dinde...Ces jeux
commencent ordinairement après la fonte des glaces, et durent jusqu'au temps des semences."
Nicolas Perrot, *Les Relations des Jésuites*, vol. 10

Greeting card, 1882
Carte de souhaits, 1882

"Summer sees a host of different craft afloat at Lachine and
other points along the noble St. Lawrence. Yachts, skiffs, canoes, and racing shells are
utilized during every spare moment...while cricket, tennis, golf, football,
bowls, quoits, and every summer game, save
baseball, has its staunch supporters." E.W. Sandys, from J. McConniff,
Illustrated Montreal, 1892-93

"En été, on voit une foule de petits bateaux à Lachine et en d'autres endroits du noble Saint-Laurent.
Yachts, esquifs, canoës, canots de course sillonnent le fleuve...tandis
que le cricket, le tennis, le golf, le football, les quilles, les palets et tous les jeux d'été, sauf
le baseball, ont leurs supporteurs acharnés."
E.W. Sandys, tiré de J. McConniff, *Illustrated Montreal*, 1892-93

"The Beach at Cacouna," E. Jump,
Canadian Illustrated News, 1872
"La plage à Cacouna", E. Jump,
Canadian Illustrated News, 1872

Cacouna was one of the fashionable
"Sea-Bathing Resorts" advertised in the 19th century. In 1862 Samuel Day
observed that guests braved steep and rocky paths down the
cliffs to reach the icy water of the Lower St. Lawrence and, believing the salt water beneficial,
drank as well as bathed in it.

Cacouna était au XIXe siècle l'une des stations balnéaires
en vogue. En 1862, Samuel Day notait que les estivants affrontaient des sentiers
escarpés et rocailleux pour descendre les falaises et atteindre l'eau glacée
du Bas-Saint-Laurent; croyant aux vertus
de l'eau salée, ils la buvaient et se baignaient dans le fleuve.

"The *St. Louis*," wood carving, c.1900. The excursion boat offered an escape from the summer heat.
"Le *Saint-Louis*", sculpture sur bois, vers 1900. Ce bateau mouche offrait un refuge durant les chaleurs de l'été.

Day dress and parasol, c.1872
Robe et parasol, vers 1872

Caledonian Games, patterned after the historic
Braemar Games of Scotland, were held throughout the country.

Les Jeux de Calédonie, s'inspirant des
historiques Jeux de Braemar, en Ecosse, étaient présentés un peu partout au pays.

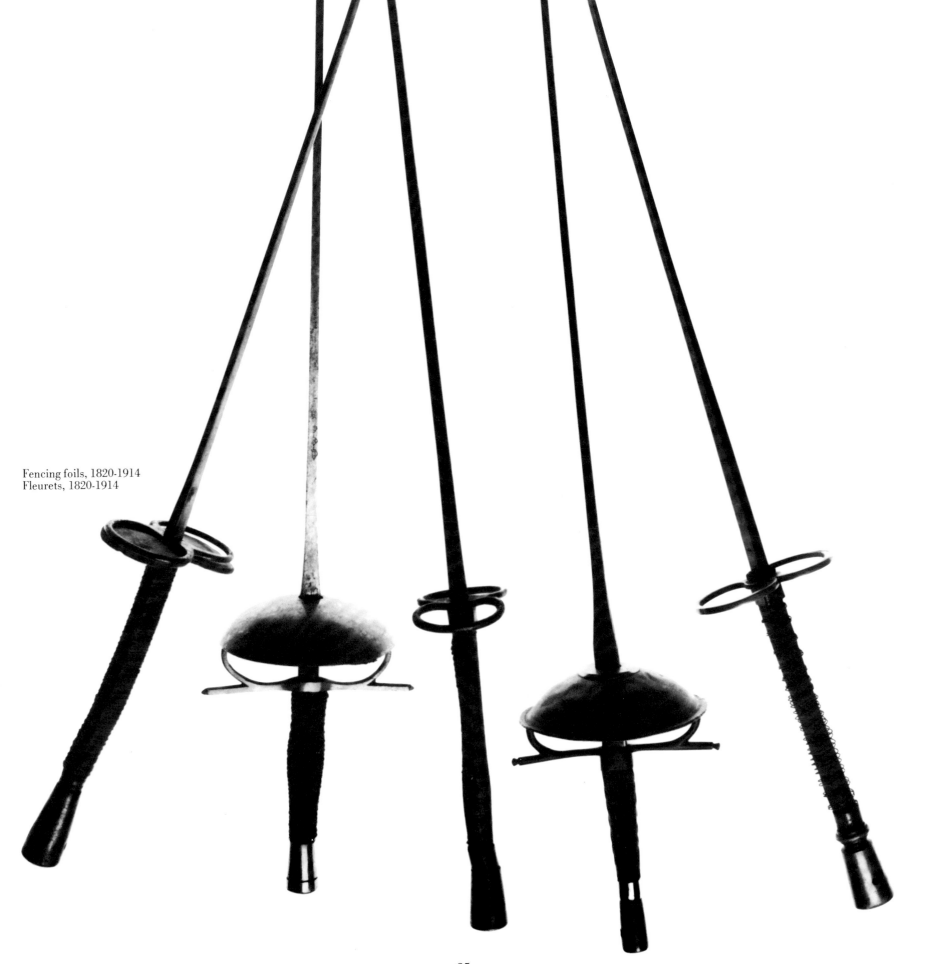

Fencing foils, 1820-1914
Fleurets, 1820-1914

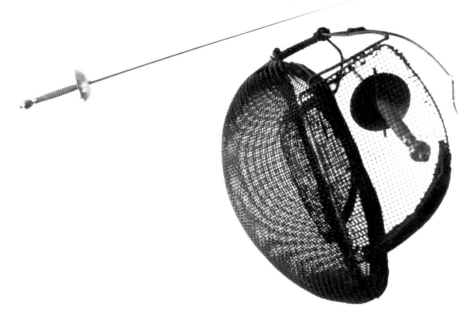

Fencing mask and foils, 1850-75
Masque d'escrime et fleurets, 1850-75

"Mr. Girard respectfully informs the Gentlemen of Montreal,
that he will open a Fencing School for the purpose of teaching the Small Sword, Cut and Thrust
and Broad Sword." *Montreal Herald*, 1816

"Monsieur Girard informe respectueusement les
gentilshommes de Montréal qu'il ouvrira une école d'escrime où il
enseignera le fleuret, l'attaque d'estoc et de taille de même que le sabre." *Montreal Herald*, 1816

"Shooting a Rapid," B. Kroupa, 1872-73
"Descente des rapides", B. Kroupa, 1872-73

Voyageurs were the legendary canoe men
of the fur trade. Tough, brave, humorous, they led lives
of untold hardship and danger,
travelling great distances at incredible speed and braving storm
and white water with unmatched skill.

Les voyageurs, légendaires aventuriers
du commerce de la fourrure, se déplaçaient en canoë. Durs,
courageux et pleins d'humour, ils menaient
des vies dangereuses et remplies d'épreuves inouïes, traversaient
à une vitesse incroyable de grandes
distances et bravaient les tempêtes et les hauts fonds avec une adresse incomparable.

Haida boat model
Modèle de bateau haïda

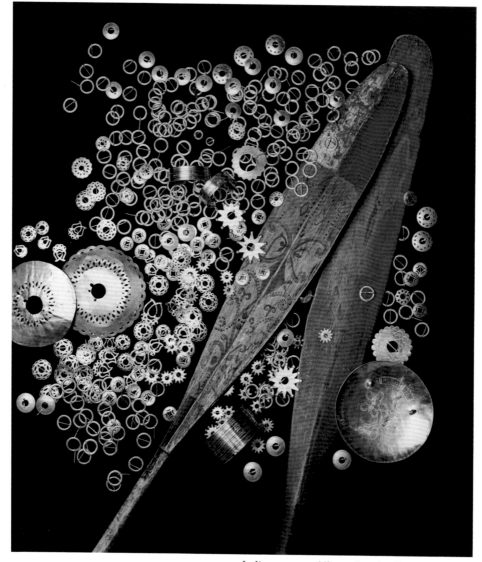

Indian canoe paddles and trade silver
Pagaies de canoë indien et objets en argent

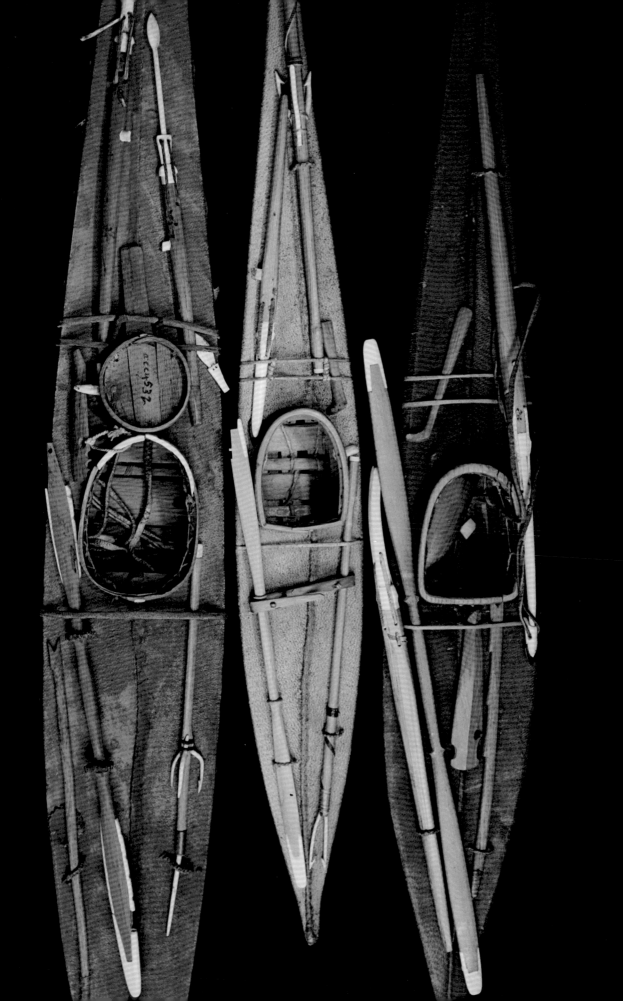

Eskimo kayak models from Ungava Bay, Wakeham Bay, and Baffin Island
Modèles de kayaks esquimaux de la baie de l'Ungava, la baie Wakeham et l'île de Baffin

"A Timber Flume in British
Columbia," *Illustrated London
News*, 1901
"Glissoir en Colombie-Britannique",
Illustrated London News, 1901

Rowing machine, 1890-1900
Machine à ramer, 1890-1900

"Canadian Lumber Trade: A Raft in
the St. Lawrence," *Illustrated London
News*, 1863
"Le commerce du bois au Canada:
train de flottage dans le Saint-Laurent",
Illustrated London News, 1863

"The *Enterprise* on the St. Francis
River, Quebec," 1872
"L'*Entreprise* sur la rivière Saint-
François, Québec", 1872

"Portaging a Canoe and Baggage,"
Assiniboine and Saskatchewan
Exploring Expedition, *Illustrated
London News*, 1858
"Portage d'un canoë et des bagages",
Expédition d'exploration en Assini-
boine et Saskatchewan, *Illustrated
London News*, 1858

"Louis Cyr," wood carving, Eugène
Desrosiers, Richelieu County, Quebec
"Louis Cyr", sculpture sur bois,
Eugène Desrosiers, comté de Richelieu,
Québec

During the 1890s Louis Cyr toured
Europe and America as the "World's Strongest Man."
An exhausted challenger remarked, "I have conquered strong men all
over the world, but this time I have met an elephant."

Durant les années 1890, Louis Cyr fit le tour
de l'Europe et de l'Amérique. On l'appelait "l'homme le plus fort du monde".
Un rival exténué déclara: "J'ai vaincu
bien des hommes forts mais cette fois j'ai rencontré un éléphant."

Julien Deschamps saw a raging
bull coming towards him. He
grasped the bull by the horns and
threw him to the ground.
Julien Deschamps vit un taureau
enragé venir vers lui. Il le prit
par les cornes et le jeta au sol.

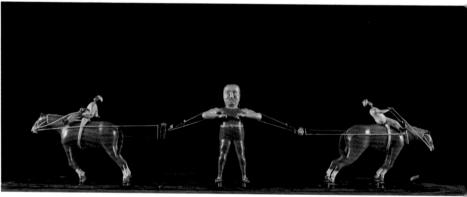

Louis Cyr accepted a wager from the
Marquess of Queensberry. If he could
hold two horses to a standstill, he was
welcome to take one back to Canada.
He did.
Louis Cyr accepta un pari de la mar-
quise de Queensberry. S'il réussissait à
immobiliser deux chevaux, il pourrait
en ramener un au Canada. Il y parvint.

Claude Grenache gave directions by
lifting his plough to point the way.
Claude Grenache pointa le chemin à
suivre avec sa charrue.

Joseph Montferrand left his toe mark
on the ceiling beam of an inn to show his
appreciation of his host's generosity.
Jos. Montferrand laissa une empreinte
d'orteil sur la poutre de plafond d'une
auberge pour exprimer sa gratitude à
son hôte.

"Montferrand on the Bridge at Hull, 1829," wood carving. One night as Montferrand crossed the bridge he encountered a gang of Irish toughs, known as "Shiners." Seizing one by the feet, he flattened him to the ground and then threw the others into the river.

"Montferrand sur le pont de Hull, 1829", sculpture sur bois. Un soir que Montferrand traversait le pont, il rencontra des "durs" irlandais, les Shiners. Il saisit l'un d'eux par les pieds et l'étendit sur le sol puis lança les autres dans la rivière.

"Fiddler," wood carving, Adélard
Turgeon (1883-1968), Saint Anselme,
Dorchester County, Quebec
"Violoneux", sculpture sur bois, Adélard
Turgeon (1883-1968), Saint-Anselme,
comté de Dorchester, Québec

Every parish had its fiddler and no social evening was complete without
lively dancing. A young officer attending
a country dance wrote, "Heaven knows the number of jigs
played or dances achieved. Such a bout of toe and
heel never was seen...nor catgut ever
scraped so vigorously."

Chaque paroisse avait son violoneux et une veillée n'aurait pas été complète
sans les ébats des danseurs. Selon un jeune officier
qui assistait à une fête rustique: "Dieu sait combien de jigues et
de danses se sont succédées. Je n'ai jamais
vu un tel déchaînement de talons...et jamais les cordes de
violon n'ont été grattées aussi vigoureusement."

"Country Dance,"drawing,
Henri Julien (1852-1908)
"Danse rustique", dessin,
Henri Julien (1852-1908)

Indian drums
Tambours indiens

"Peeling of the Corn," E.-J. Massicotte,
Nos Canadiens d'autrefois, 1923
"Une épluchette de blé-d'Inde", E.-J.
Massicotte, *Nos Canadiens d'autrefois*,
1923

"Eskimaux Children Dancing, Igloolik,
1823," Capt. G. F. Lyon, from Capt.
W. E. Parry, *Journal of a Second Voyage
for the Discovery of a North-West Passage*,
1824
"Danse d'enfants esquimaux, Igloolik,
1823", Capitaine G. F. Lyon, tiré de
Journal of a Second Voyage for the Discovery of a North-West Passage, du Capitaine W. E. Parry, 1824

Playing cards. Whist, cribbage, and
piquet were popular card games of
the 19th century.
Assortiment de cartes à jouer. Au
XIXe siècle, on jouait au whist, au
cribbage et au piquet.

‹Game boards, late 19th century. A rage
for board and card games started in
the 1840s.
Damiers, fin du XIXe siècle. La vogue
des jeux de cartes et de damiers commença vers les 1840.

«Eskimo ivory top and two 19th century
wooden tops from Quebec
Toupie esquimaude en ivoire; deux
toupies en bois du Québec, XIXe siècle

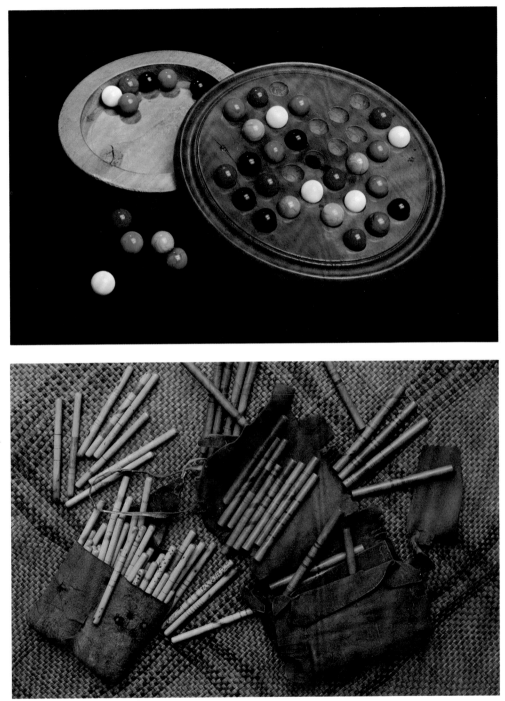

Fox and Geese – peg
solitaire, c.1880
Jeu de billes, vers 1880

Haida gambling sticks. The sticks were
shuffled and divided, the object being to
guess in which bundle the odd stick was
concealed.

Jeu de bâtons haïda. On brassait puis
divisait les bâtons, le jeu consistant à
deviner dans quel tas se trouvait caché
le bâton dépareillé.

Haida dance rattle. Games and pastimes
of the native peoples were often closely
associated with their spiritual beliefs.
Hochet de danse haïda. Les jeux et
divertissements des peuples autochtones
étaient souvent étroitement reliés à
leurs croyances religieuses.

"Ice Palace, Montreal Carnival, 1889,"
lithograph, G.W. Clarke, publisher,
Montreal
"Palais de glace, Carnaval de Montréal,
1889", lithographie, G.W. Clarke,
éditeur, Montréal

The climax of the Montreal winter season was
the Winter Carnival in which everyone turned out for tobogganing,
sled and snowshoe races, curling bonspiels, skating races,
sleigh races, and winter spectacles. The *pièce de résistance* was the Ice Palace.
In 1889, 25,000 blocks of ice were used
to construct the palace measuring 164 feet by 155 feet, and the main tower reached 110 feet.

Le point culminant de l'hiver montréalais était le
Carnaval d'hiver. Tout le monde participait aux courses de toboggans,
de traîneaux et de raquettes, tournois de curling, courses
de patins à glace et spectacles. La pièce de résistance
était le Palais de glace. En 1889, 25 000 blocs de glace servirent à la
construction d'un palais de 164 pieds sur 155; la tour principale avait 110 pieds de haut.

Blanket coat and
sash worn by
members of the
Montreal
Snow Shoe Club
Manteau et
ceinture des
membres du Club
des raquetteurs
de Montréal

One of the principal events of the Carnival was the storming
of the Ice Palace. Hundreds of snowshoers
advanced on the battlements firing Roman candles.
The palace returned the fire with rockets, and an elaborate display of
fireworks lit the night.

L'attaque du Palais de glace constituait
l'un des principaux événements du carnaval. Des centaines de
raquetteurs s'avançaient sur les remparts en
lançant des chandelles romaines. Le palais répondait par des fusées et un
grand feu d'artifice illuminait la nuit.

"The Sleigh Drive – Getting Ready,"
Henri Julien, *Montreal Daily Star*,
Carnival Number, 1884
"La promenade en traîneau – prépa-
ratifs", Henri Julien, *Montreal Daily
Star*, numéro du Carnaval, 1884

Sleigh, 19th century
Traîneau, XIXe siècle

"All sorts and conditions of sleighs spin over
the high roads. A very curious parade…from the home-made *traineau* of the
habitant…to the little *cariole*…How lively they make the
streets, and how cheerful the tangled careless music of the bells."
W.G. Beers, *Over the Snow*, 1883

"Toutes sortes de traîneaux glissent
sur la route. Un curieux défilé…du traîneau fait par l'habitant…à la petite
carriole…Quelle vie ils donnent aux rues, et quelle
gaieté répand la musique insouciante et emmêlée des grelots!"
W.G. Beers, *Over the Snow*, 1883

During the 18th and 19th
centuries it was common to see dogs pulling carts or sledges. Peter Kalm,
an 18th-century traveller, called the dog "the poor man's horse."

Aux XVIIIe et XIXe siècles,
on voyait fréquemment des chiens tirer de petites charrettes ou des traîneaux. Peter Kalm,
voyageur de l'époque, disait que le chien était le "cheval du pauvre".

Eskimo soapstone and
ivory carving
Sculpture esquimaude,
stéatite et ivoire

"Team of Dogs on Harness," c. 1870.
Eskimo sled model, Labrador
"Attelage de chiens", vers 1870. Modèle
de traîneau esquimau, Labrador

"Man with Horse and Sleigh,"
watercolour, c.1860
"Homme avec cheval et traîneau",
aquarelle, vers 1860

Dog blankets and bell harness, Mackenzie River Basin, late 19th century
Couvertures pour chiens et harnais à
grelots, bassin de la rivière Mackenzie,
fin du XIXe siècle

"Fall of Montmorenci in Winter,"
Travels through the Canadas, George
Heriot, 1807
"Chutes Montmorency en hiver",
Travels through the Canadas, George
Heriot, 1807

"A Sleigh Road on the Ice of the
St. Lawrence," *Illustrated London News*,
1888. Tracks on the ice were marked
with trees at 50-yard intervals.
"Piste de traîneaux sur la glace du Saint-
Laurent", *Illustrated London News*,
1888. Des arbres plantés à tous les 50
pieds traçaient la route.

"Railway on the Ice of the St. Lawrence,"
Illustrated London News, 1888
"Chemin de fer sur la glace du Saint-
Laurent", *Illustrated London News*, 1888

"Bilking the Toll," oil, Cornelius
  Krieghoff (1815-72)
"Le péage esquivé", huile, Cornelius
  Krieghoff (1815-72)

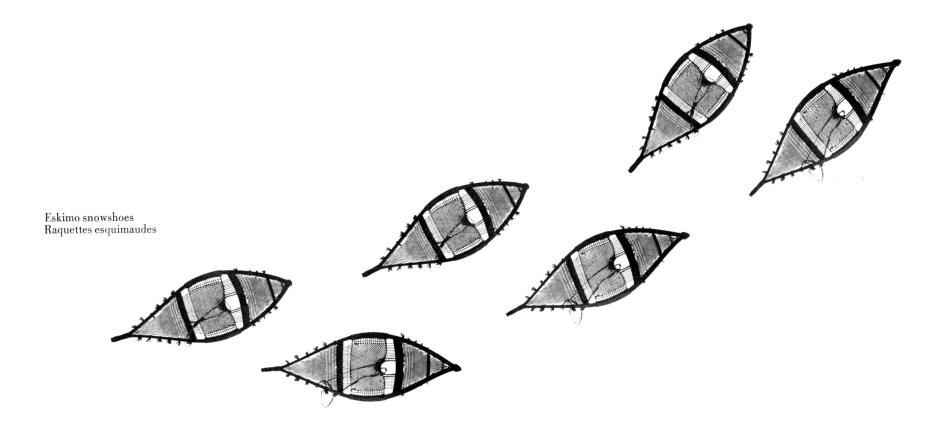

Eskimo snowshoes
Raquettes esquimaudes

"The pace-maker leads the way...through
the snowy woods...the trees casting weird black shadows over the spotless snow. 'Click-clack!'
'click-clack!' sound the shoes in regular beat, every man...holding his place in the
long line as best he may." E. A. Collard, *Call Back Yesterdays*, 1965

"Le chef de file trace le chemin...à travers les
bois enneigés...les arbres jettent leurs ombres noires inquiétantes sur la neige
immaculée. Tic-tac! Tic-tac! On entend le bruit régulier
des raquettes, chaque homme...gardant sa place dans la longue file aussi
bien qu'il le peut." E. A. Collard, *Call Back Yesterdays*, 1965

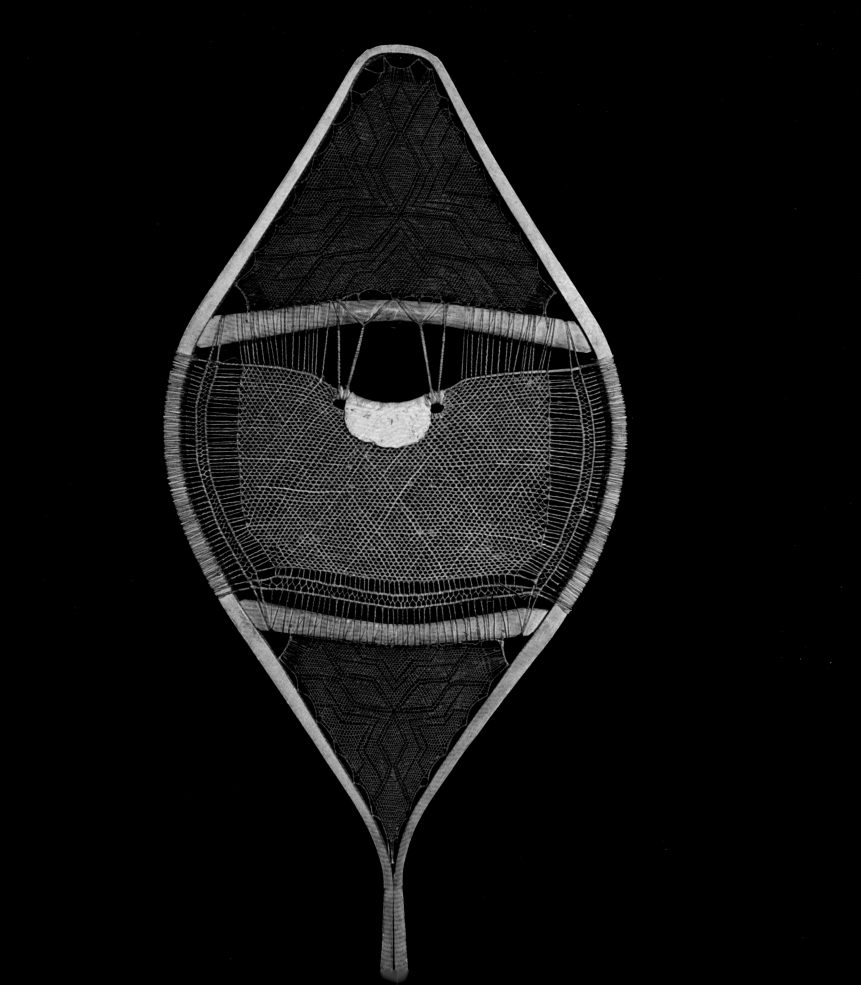

Pitcher, "Canadian
Sports Scenes," 1870-80
Pichet, "Scènes
sportives au Canada",
1870-80

"Blanket Toss – Snow Shoe Club,
St. Lawrence River," 1902
"Homme lancé dans les airs, Club
des raquetteurs, fleuve Saint-
Laurent", 1902

Algonkian snowshoe
Raquette algonquine

Saturday afternoon at two,
Fellows with tuques of red and blue,
Muster on the snowshoe ground
The quarter-track to travel round.

Excerpt from "The Snow Shoe Race,"
song manuscript, W. G. Beers

Samedi après-midi à deux heures,
Avec leurs tuques rouges et bleues,
Les raquetteurs se rassemblent
Près de la piste qu'ils vont franchir.

"The Snow Shoe Race", manuscrit
d'une chanson de W. G. Beers

›Cree embroidered
gloves
Gants brodés, Cris

»Postcards, c. 1913-30
Cartes postales, vers
1913-30

The earliest skates in Europe were made
of bone. By the 14th century they were
being made of wood and by the 17th
of iron. By this time skating was not only
a means of travel but a well-established
sport which European settlers continued
to enjoy in North America.

Les premiers patins européens étaient
faits en os. Au XIVe siècle, on les faisait
en bois et au XVIIe, en fer. Le patinage
était alors devenu non seulement un
moyen de locomotion mais aussi un sport
bien établi que les colons européens
continuèrent de pratiquer en Amérique
du Nord.

Members of the Montreal snowshoe clubs held weekly
meets throughout the winter. Often they would go on long tramps to some
country inn, moving in single file at the breakneck pace of
four miles an hour. At the end of these
exhilarating journeys they would eat, drink, and make merry until
late in the evening – and then tramp home again!

Les clubs de raquetteurs se rencontraient toutes les semaines en hiver.
Ils faisaient souvent de longues excursions
jusqu'à une auberge, marchant à la file indienne à vive allure (quatre milles
à l'heure). Au terme de ces réjouissantes randonnées,
ils mangeaient, buvaient et s'amusaient, reprenant tard dans la soirée la route du retour.

"Mount Royal Park, Montreal," litho-
    graph, J. T. Henderson, publisher,
    Montreal, 1880-90
"Parc du Mont-Royal, Montréal", litho-
    graphie, J. T. Henderson, éditeur,
    Montréal, 1880-90

"Victoria Skating Rink, Montreal,"
Illustrated London News, 1863
"Patinoire Victoria, Montréal",
Illustrated London News, 1863

"McGill University Hockey Teams,"
 1902. Hockey stick, 1878-81; Winter
 Carnival cup, 1883
"Equipes de hockey de l'Université
 McGill", 1902. Bâton de hockey,
 1878-81; coupe du Carnaval d'hiver,
 1883

The Victoria Rink, built in 1862, was a vast building.
Here Montrealers of all ages disported themselves in a winter-long
carnival, for skating was their best-loved pastime.

La patinoire Victoria, construite en 1862, était un vaste immeuble. Ici se
divertissaient tout l'hiver des
Montréalais de tous âges car le patinage était leur sport préféré.

"Snowshoe Race," lithograph, Henri
Julien, c. 1885-87
"Course en raquettes", lithographie,
Henri Julien, vers 1885-87

"Celebration of the Royal Wedding
Day on the Ice of Burlington
Bay, Lake Ontario, Canada West,"
Illustrated London News, 1863
"Célébration du jour du mariage royal
sur la glace de la baie Burlington,
lac Ontario, Canada ouest", *Illustrated
London News*, 1863

"Opening the Thistle Curling Club
Rink, Montreal," *Canadian Illustrated
News*, 1870
"Ouverture de la patinoire du Thistle
Curling Club, à Montréal", *Canadian
Illustrated News*, 1870

"Sledges of the Eskimaux," Capt. G. F.
Lyon, from Capt. W. E. Parry, *Journal
of a Second Voyage*, 1824
"Toboggans esquimaux", Capitaine
G. F. Lyon, tiré de *Journal of a Second
Voyage* du Capitaine W. E. Parry, 1824

"Bob Sleighing, St. Agathe, Quebec," c. 1914
"Bob-sleigh, Sainte-Agathe, Québec", vers 1914

‹Assorted medals of Montreal sporting clubs
Sélection de médailles de clubs sportifs de Montréal

«Soup plate, "Canadian Sports Scenes," 1870-80
Bol à soupe, "Scènes de sports canadiens", 1870-80

Three early 19th-century stones used on the St. Lawrence River and a curling iron manufactured in Montreal in the late 19th century
Trois pierres de curling du XIXe siècle utilisées sur le Saint-Laurent et une bouillotte en fer manufacturée à Montréal à la fin du XIXe siècle

"Curling Match at Montreal," James Duncan, *Illustrated London News*, 1853
"Match de curling à Montréal", James Duncan, *Illustrated London News*, 1853

After having seen a curling match in Quebec, a French-Canadian farmer noted: "Today, I saw a gang of Scots who were throwing big iron balls, made like cannon balls, on the ice. They would shout *soupe! soupe!* Then they laughed like madmen. I really think they're insane."

Après avoir vu un match de curling à Québec, un cultivateur canadien-français nota: "J'ai vu aujourd'hui une bande d'Ecossois qui jettoient des grosses boules de fer, faites comme des bombes, sur la glace, après quoi, ils crioient soupe! soupe! ensuite, ils rioient comme des fous; je crois bien qu'ils sont vraiment fous."

Doll and toy toboggan, 1920-30
Poupée et traîne sauvage, 1920-30

"A Slight Mistake – Death to Decoy
Ducks," R. J. Hamerton, from Frederick
Tolfrey, *The Sportsman in Canada*, 1845
"Une légère erreur – mort aux canards-
leurres", R. J. Hamerton, tiré de Frederick
Tolfrey, *The Sportsman in Canada*, 1845

"There is indeed a 'new world' opened to
the lover of gun and rod from the old lands across the sea, who here finds
himself the luxurious monarch of all he can bag
from sunrise to sunset." W. G. Beers, *Over the Snow*, 1883

"C'est en effet un « nouveau monde » qui s'ouvre à l'amateur de chasse
et pêche venu des vieux pays d'outre-mer; il devient ici
le somptueux monarque de tout ce qu'il peut empocher de l'aurore
au crépuscule." W. G. Beers, *Over the Snow*, 1883

The signal is given; all rush forward and ride round the herd, contracting the circle closer and closer.

Au signal, tous s'élancent et cernent le troupeau, resserrant le cercle petit à petit.

"Reindeer Camp in King William's
Land," *Illustrated London News*, 1881
"Camp de chevreuils, terre du roi
William", *Illustrated London News*, 1881

"Sea Horses Found on the Ice, near the
West Coast of North America," from
Capt. James Cook, *A Voyage to the Pacific
Ocean*, 1784
"Morses aperçus sur la glace, près de la
côte ouest de l'Amérique du Nord", tiré
de James Cook, *A Voyage to the Pacific
Ocean*, 1784

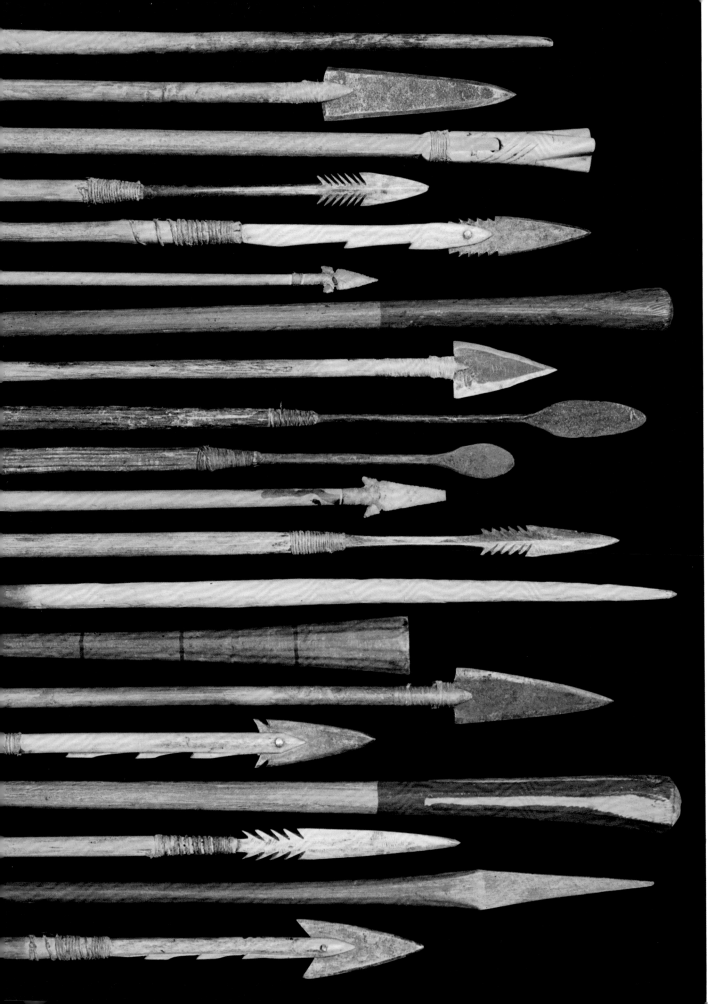

Plains bow and arrow
Arc et flèche, Plaines

Bird decoys
Oiseaux de leurre

Game pouch, Mackenzie Basin
Gibecière, bassin du Mackenzie

Eskimo knives and scrapers
Couteaux et grattoirs esquimaux

Snow goose decoy
Leurre : oie du Canada

Plains knife and sheath
Couteau et gaine, Plaines

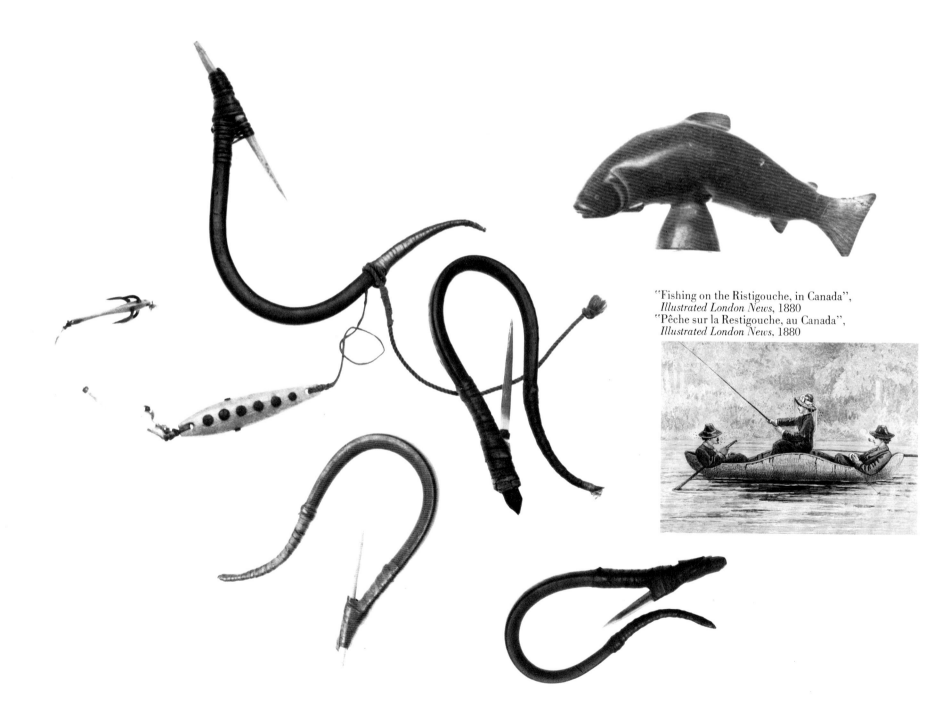

"Fishing on the Ristigouche, in Canada",
Illustrated London News, 1880
"Pêche sur la Restigouche, au Canada",
Illustrated London News, 1880

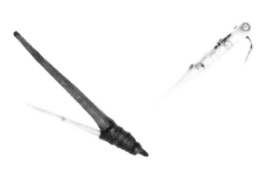

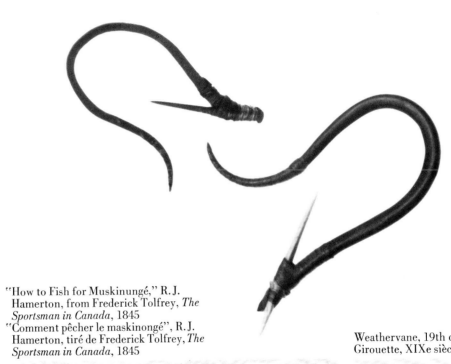

"Eskimaux – Listening at a Seal-hole.
In the Act of Striking a Seal," Capt. G.F.
Lyon, from Capt. W.E. Parry, *Journal
of a Second Voyage*, 1824
"Esquimaux à l'écoute d'un trou de glace.
On frappe un phoque." Capitaine G.F.
Lyon, tiré de *Journal of a Second Voyage*
du Capitaine W.E. Parry, 1824

"How to Fish for Muskinungé," R.J.
Hamerton, from Frederick Tolfrey, *The
Sportsman in Canada*, 1845
"Comment pêcher le maskinongé", R.J.
Hamerton, tiré de Frederick Tolfrey, *The
Sportsman in Canada*, 1845

Weathervane, 19th century
Girouette, XIXe siècle

For most native peoples the fish hook and spear
were as essential to survival as the bow and arrow or the gun.

Pour la plupart des autochtones,
l'hameçon et la lance furent aussi essentiels à la survivance que l'arc,
la flèche et le fusil.

Fox hunting was a popular sport, especially among army officers of the British garrisons stationed in the Canadas. Both the Montreal Hunt in Lower Canada and the London Hunt in Upper Canada were founded in the 1820s.

La chasse au renard était populaire auprès des officiers de la garnison britannique en poste au Canada. Dans les années 1820, des clubs de chasse furent fondés dans le Haut et le Bas-Canada.

Wood carving of horse, Philippe Roy
(b. 1899), Saint Philémon, Bellechasse
County, Quebec
Cheval, sculpture sur bois, Philippe
Roy (né en 1899), Saint-Philémon, comté
de Bellechasse, Québec

In July 1665 "the ship from Havre arrived, bringing some horses, with which the King intends
to supply this country. Our Savages, who had never seen any, viewed them
with admiration, and were astonished that the Moose of France (for so they styled them) were so tractable
and so obedient to man's every wish." François Le Mercier, *Jesuit Relations*, vol. 50

En juillet 1665 "arriva le navire du Havre, portant des chevaux, dont le Roy a dessein de
fournir ce païs. Nos Sauvages, qui n'en avoient jamais veû, les admiroient;
s'estonnans, que les Orignaux de France (car c'est ainsi qu'ils les appellent) soient si traitables, et si souples à
toutes les volontez de l'homme". François Le Mercier, *Les Relations des Jésuites*, vol. 50

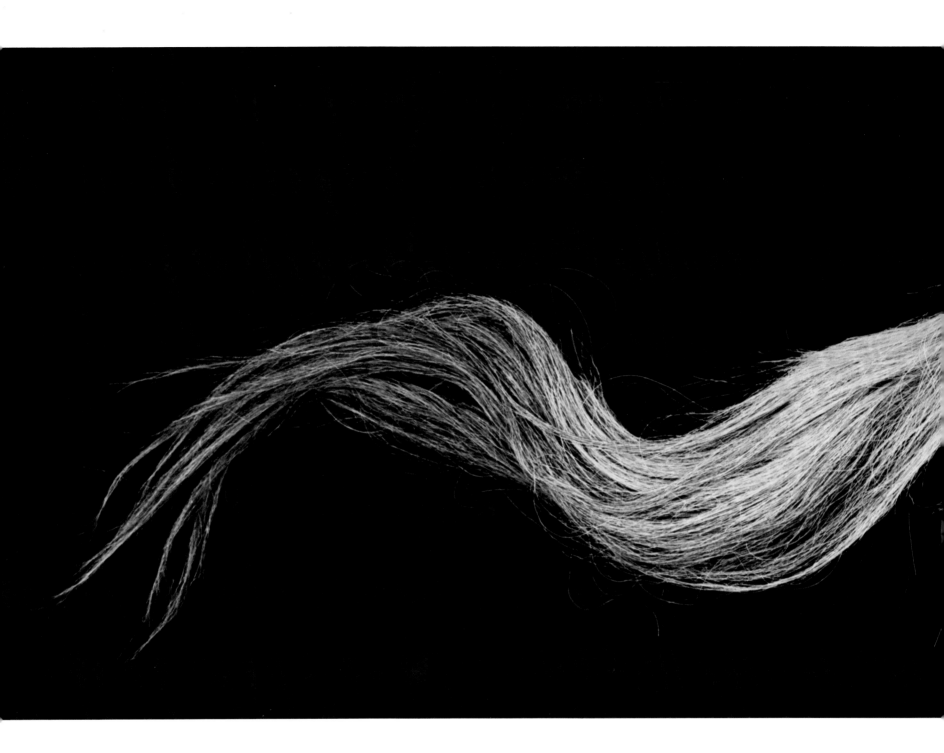

Assiniboine ceremonial dance wand
Baguette de danse cérémonielle, Assiniboine

Horses descended from those brought to Mexico by the Spaniards reached
the Canadian prairies about 1740. The horse revolutionized the
Plains Indians' way of life by providing swifter means of travel and new hunting methods.

Des descendants des chevaux mexicains amenés par les Espagnols
atteignirent les prairies canadiennes vers 1740. Le cheval transforma la vie des Indiens des Plaines,
leur procurant un moyen de transport rapide et de nouvelles méthodes de chasse.

Tobacco cutter, Quebec
Tranche à tabac, Québec

Wood carving, South Shore,
Lower St. Lawrence
Sculpture sur bois, Rive-Sud,
Bas-Saint-Laurent

Weathervane, early 20th century
Girouette, début du XXe siècle

Maple sugar moulds, Quebec
Moules de sucre d'érable, Québec

Wood carving, Sabrevois, Iberville
County, 19th century
Sculpture sur bois, Sabrevois, comté
d'Iberville, XIXe siècle

During 1806, while in Quebec, John Lambert observed
a horse race on the Plains of Abraham. "It was a curious sight to see the
Habitans in their long-skirted frocks, with a pipe in their mouth,
and a bonnet-rouge upon their head, riding over the course, many of them without a saddle;
flogging, kicking and hallooing, in order to come in first for the prize."

En 1806, alors qu'il était à Québec, John Lambert observa une course de chevaux sur les
Plaines d'Abraham. "C'était curieux de voir les habitants enveloppés d'un
long manteau, la pipe à la bouche, bonnet rouge sur la tête,
courant à cheval sur la piste, plusieurs sans selle; fouettant, bottant et entraînant
leur cheval de la voix pour arriver premier et remporter le prix."

"Woodbine Steeplechase,"
Toronto, 1909
"Course d'obstacles de Wood-
bine", Toronto, 1909

"Tally Ho! Galop," music
sheet, c. 1854
"Tally Ho! Galop", feuille
de musique, vers 1854

Steeplechasing was popular with the
British cavalry regiments stationed in Eastern Canada.
Spectators flocked to the events eager for the
excitement of watching daring riders on well-matched horses.

Les régiments de cavalerie britannique
cantonnés dans l'est du Canada organisaient souvent des
courses d'obstacles à cheval. Les spectateurs
affluaient, attirés par l'audace des cavaliers sur leurs chevaux bien dressés.

Plains saddle bag
Sacoche de selle, Plaines

Plains saddle bag
Sacoche de selle, Plaines

Blackfoot saddle blanket
Couverture de selle, Pieds-Noirs

Horse blanket, overshot weave, Verchères County, Quebec, 1885-90
Couverture de cheval, comté Verchères, Québec, 1885-90

Copper weathervane, 19th century
Girouette en cuivre, XIXe siècle

Carved horses, late 19th and early
20th centuries, from Bellechasse,
Kamouraska, and Iberville counties;
Terrebonne district; and Quebec City
Chevaux sculptés, fin XIXe et début
XXe siècles, provenant des comtés
de Bellechasse, Kamouraska et Iberville, du district de Terrebonne et de
la ville de Québec

Bicycle, c.1870
Vélocipède, vers 1870

Members of bicycle clubs often went
on two or three-day excursions on their Pennyfarthings, or
"Boneshakers" as they were aptly called. When the more comfortable Safety bicycles appeared
they were scorned by the Pennyfarthing survivors as being fit only for women.

Des clubs de cyclistes faisaient souvent des excursions
de deux ou trois jours sur leurs vélocipèdes, comme on les appelait alors. Quand apparut
la bicyclette, plus confortable, les mordus du vélocipède méprisèrent cet appareil bon pour les femmes.

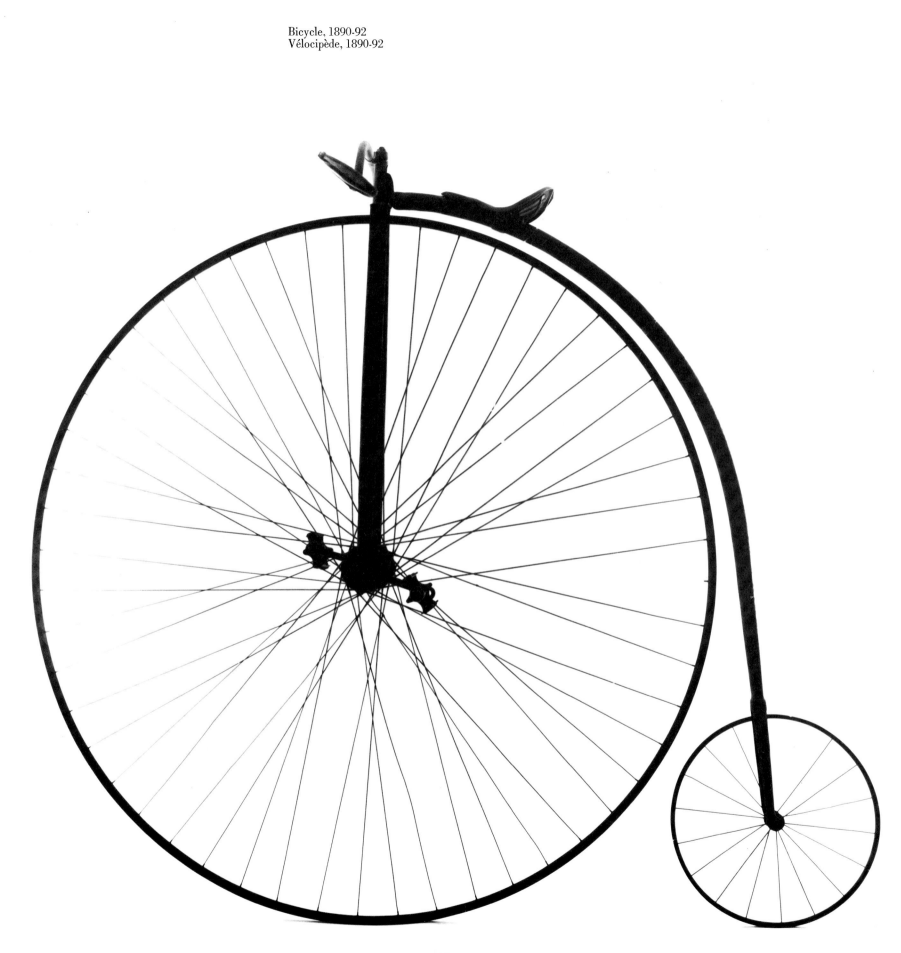

Tricycle, c.1870
Tricycle, vers 1870

"MAAA Bicycle Club," 1885. The Montreal Amateur Athletic Association was initially a federation of five Montreal sporting clubs.

"Club cycliste de la MAAA", 1885. A ses débuts, la Montreal Amateur Athletic Association regroupait cinq clubs sportifs de Montréal

Wood carving of horse and cart, Quebec, 19th century. Handmade dolls, Quebec, 20th century
Cheval et charrette, sculpture sur bois, Québec, XIXe siècle. Poupées faites à la main, Québec, XXe siècle

"Canadian Calesh," engraving,   "Calèche canadienne", gravure de
Jones and Co., London, 1824   Jones and Co., Londres, 1824

"They were called *calashes* and looked something like very high gigs with hoods
and C springs. Where the dash-board was not,
there was a little seat or perch for the driver." Isabella Bishop,
The Englishwoman in America, 1856

"On les appelait *calashes* et elles ressemblaient à de hauts cabriolets à capotes
et ressorts. Au lieu du tableau de bord, il y avait un
petit siège ou perchoir pour le conducteur." Isabella Bishop,
The Englishwoman in America, 1856

Cast-iron toy horses and
carriage, late 19th century
Chevaux et voiture, jouets
en fer, fin du XIXe siècle

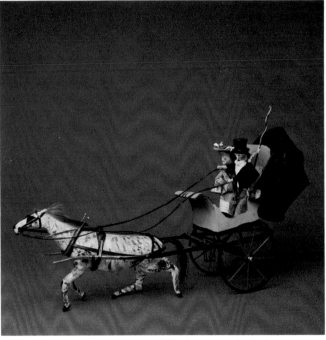

Wood carving of calèche,
early 20th century
Calèche, sculpture sur bois,
début du XXe siècle

To everything there is a season
and in Canada the seasonal changes are the most dramatic in the
world. In earlier days all sports tended
to be identified with the seasons.
Fall was the time for football, and for hunting and shooting as the
game birds began their long journey south. There could
be no hockey or curling until the ponds, lakes, and rinks
were frozen. But the sports and pastimes of Canadians
are no longer confined to their natural seasons.
Already the grass used in professional
football is more artificial than hockey ice.

Il y a un temps pour tout,
un moment pour chaque chose sous le soleil
et au Canada, où le grandiose changement
des saisons apparaît plus dramatique qu'ailleurs,
tous les sports avaient autrefois tendance à s'orienter
selon l'équinoxe. On saluait l'automne par le football, la chasse et le tir
alors que le gibier commençait
sa longue randonnée vers le Sud. Il n'y avait pas de hockey
ou de curling avant que les étangs, les lacs et les patinoires
ne soient gelés. Les sports et les divertissements des
Canadiens ne sont plus limités à leurs saisons naturelles.
Déjà les terrains de football professionnel sont plus
artificiels que la glace des patinoires de
hockey.